Enzo Lamartora

# The Dimension of Loss

two long poems
(It was – Altera mater)

Translated by Michael Palma

Fomite
Burlington, Vermont

ISBN-13: 978-1-959984-28-3
Library of Congress Control Number: 2024947828

Fomite
58 Peru Street
Burlington, VT 05401
www.fomitepress.com

10/16/2024

"Sto muto sull'orlo della vita, per darla a te, per mantenerti in vita".
To Chiara, in memory of a profound love

E. L.

For Terence Hegarty,
"You who were with me in the ships at Mylae!"

In eternal friendship,
M. P.

# The Dimension of Loss

# It was

*(Quasi buio. Nessun oggetto. Nulla di concreto o di realistico. Al centro, un'area quadrata, quasi fosse una stanza, un luogo isolato sospeso sul mare, sul nulla, le cui pareti sono vetrate, trasparenti. Accanto, un coccio di creta, ripieno di cera, una panca, una tavola o un letto. La donna, forse Crisotemi, si rivolge a un interlocutore invisibile:)*

Vieni, siediti, accomodati. Vieni pure.
Sto parlando con me stessa, come vedi,
ed è la prima volta che riesco a corrispondermi.
Si impara sempre tardi, troppo tardi, a invecchiare,
o almeno a concentrarsi sul momento della morte.
Non è una scelta, per niente.
Nessuno sceglie l'assenza d'amore, di tempo, di bellezza.
    L'assenza. È ciò che rimane.
Basta che mi guardi intorno. Non c'è più niente e nessuno, qui.
Una casa ormai svuotata, trasparente, senza difese,
costretta ad osservare al di là di se stessa o dentro se stessa,
un vuoto assordante, la quiete.
    Manca poco, d'altronde.
Tra poco tornerò nel buio della profondità,
dove le cose si presentano veraci e deformate
– una bocca spalancata dai denti minacciosi;
un occhio inespressivo e liquefatto; un sesso enorme,
    senza capo né coda –;
una deformazione preparata, nel mio caso, dalla nascita, dalla vergogna,
dal desiderio, un desiderio inappagabile.
Capita, quando vivi da sola, di allucinare su te stessa,
deformare o far sparire una bocca da baciare,
un padre da ammazzare una madre dal seno prepotente
    e ingombrante.

# It Was

*(Almost dark. No objects. Nothing solid or realistic. In the middle, a square area, almost as if it were a room, an isolated space suspended over the sea, over nothing, the walls of which are transparent windows. Nearby, a clay pot, filled with wax; a plank, a table, or a bed. The woman, perhaps Chrysothemis, speaks to an invisible interlocutor:)*

Come, come in, get comfortable. Do come in.
I've been talking to myself, just as you see,
and this is the first time I can answer myself.
You always learn late, too late, how to grow old,
or at least how to focus on the moment of death.
It's not a choice, not at all.
No one chooses the absence of love, of time, of beauty.
    Absence. It's all that's left.
Just look around me. There's nothing anymore
    and there's nobody here.
A house emptied out by now, transparent, defenseless,
forced to look outside itself or inside itself,
a deafening emptiness, the stillness.
    There's not much missing, on the other hand.
Before long I'll return to the darkness of the depths,
where things appear to be truthful and distorted—
a mouth wide open and full of threatening teeth;
a liquefied and inexpressive eye; an enormous sex,
    with neither head nor tail;
a distortion prepared for, in my case, from birth,
from shame, from desire, an insatiable desire.
It happens, when you live alone, you hallucinate about yourself,
distorting or suppressing a mouth to kiss, a father to kill,
a mother with overbearing and cumbersome breasts.

Ho trascorso la mia vita giovanile a interpretare
　　la scena iniziale di un film sulla perdita e la nostalgia
nel quale io t'aspetto sulla porta, e tu arrivi raggiante, pieno di vita:
　　"Vieni, entra, accomodati"!
Allora tu entri, ti siedi, cominci a tremare, mi abbracci,
　mi dici che in fondo l'amore tra noi due non è finito,
che è ancora come prima, ch'è ancora... Non sei più ritornato!
Troppe volte l'ho interpretata questa scena tra me e me,
benché sia stata consapevole, sempre, che fosse appena un film.
Non mi è mai piaciuta l'esistenza; ho sempre fantasticato,
per ridare quell'aspetto di bellezza e continuità
　　alla mia vita banale.


Ricordi la mia prima vecchissima amica del cuore?
Aveva la stoffa della diva, lei, bella, creativa, inquieta.
Per dieci o quindici anni non ci siamo mai lasciate,
　　nemmeno per un giorno;
se lei si vestiva di viola, io mi vestivo di viola;
se lei comperava una trousse, era per giocarci con me;
se una s'innamorava, anche l'altra cominciava a tremare.
Ci siamo sostenute, confidate, scritte e descritte;
abbiamo studiato, viaggiato, festeggiato, tutto insieme,
fino a quando lei non ha incontrato il suo... principe azzurro!
Da quel momento in poi, più nulla!
Telefonate, lettere, vacanze: più nulla!
In quell'uomo, tutta l'inquietudine e il sacro suo furore
s'erano mutati nell'inerzia della beatitudine. Che invidia!
Certe donne rivelano la loro vera natura al riparo di una
　　coperta matrimoniale,
sotto la quale hanno avuto la fortuna di restarsene a sognare,
　　trasognare, a regredire.
Coperte da quell'abbraccio rassicurante, così a lungo rivendicato,
il loro viso si rattrappisce, lo sguardo si fa opaco,
tutto il corpo rimpicciolisce, rimpicciolisce, rimpicciolisce,
fino a diventare nuovamente delle bimbe

I spent my young life performing the opening scene of a movie
    about loss and nostalgia
in which I wait for you at the door and you arrive radiant, full of life:
    "Come in, sit down, get confortable!"
The you come in, you sit, you start trembling, you embrace me,
you tell me that the love between us isn't over after all,
that it's still as it was before, that it's still...
    You haven't come back!
I've performed this scene with myself too many times,
even though I always knew it was only a movie.
I never cared for existence; I've always fantasized,
to restore that element of beauty and continuity to my banal life.


Do you remember my very first dearest friend?
She had the makings of a diva, that one, lovely, creative, restless.
For ten or fifteen years we were never apart, not even for a day;
if she wore violet, I wore violet;
if she bought a makeup kit, it was for us to play with;
if one of us fell in love, the other started trembling too.
we sustained each other, confided, wrote, and drew;
we studied, traveled, celebrated, always together,
right up until she met her... her Prince Charming!
From that moment on, no more!
Phone calls, letters, vacations: no more!
In that man, all her restlessness and sacred fury
were changed into the idleness of bliss. How enviable!
Some women reveal their true nature in the shelter
    of a conjugal blanket,
under which they've been lucky enough to keep on dreaming,
    daydreaming, regressing.
Covered by that reassuring embrace, laid claim to for so long,
the face grows numb, the gaze becomes opaque,
the whole body grows smaller, smaller, smaller,
till she becomes a baby once again,

consegnate tra le braccia del papà.
Che invidia! Che meraviglia!
Quando doveva venire a trovarmi, rimettevo i centrini
sotto i vasi di orchidee;
accendevo l'abat jour; preparavo l'incenso,
mettevo fuori frigo quel cheese cake che amava tanto.
Poi, poi il tempo passava; la pellicola scorreva,
ed io restavo lì, dietro la porta, ripetendo a bassa voce
il mio perenne benvenuto: "Vieni, entra, accomodati…".
E invece niente; non succedeva niente, nessuno arrivava,
tanto che la ripetizione di quell'unico fotogramma
dava l'impressione di un'istantanea, di' un immagine
ferma e sfuocata, anziché di un film!
E mio fratello? Quanto l'ho aspettato di incontrare, un fratello
con cui scorrere le estati a sollevarci l'uno e l'altra,
raccontandoci di come si fosse sgretolata
la nostra famiglia e l'infanzia,
e così trovando una ragione, un senso fondativo a questo sentimento
della perdita che ci avvolge, ci compenetra,
come la nebbia nel buio di una foresta.
Chi altri, se non un fratello, avrebbe potuto testimoniare
lo sconcerto e il dolore di trovarsi da soli, indifesi,
nel bel mezzo di una guerra ventennale di cui ignori le ragioni,
le conseguenze, le parti in campo?
Chi meglio di un fratello avrebbe potuto testimoniare
che una guerra c'è stata,
sostenermi a buttar via queste armature ricevute in eredità,
questi attrezzi inamovibili lasciati a arrugginire nel nostro giardino?
Quando prometteva di venirmi a trovare, mi preparavo col vestito migliore;
gli preparavo l'accoglienza migliore, di modo che anche lui potesse
avere una famiglia,
anche lui che una famiglia non l'aveva ancora avuta.
Ma il mio adorato fratello aveva scelto da tempo
di non guardarsi più indietro.
Nemmeno lui è più arrivato.

delivered into daddy's arms.

How enviable! How wonderful!

When she was supposed to come and see me,

I put the doilies back out under the vases of orchids;

I set up the lampshade; I got the incense ready,

I took that cheesecake she liked so much out of the fridge.

Then, then the time passed; the movie kept running,

and I stayed there, behind the door, softly repeating

my perpetual welcome: "Come, come in, get comfortable…"

And then nothing; nothing happened, no one came,

so much so that the rerunning of that single frame

gave the impression of a snapshot, of a fixed

and out of focus image, instead of a movie!

And my brother? How long I waited to find him, a brother

to spend summers with to lift each other up,

telling each other how our family and childhood had shattered,

and so finding a reason, a basis for this feeling of loss

that enfolds us, that permeates us,

like a fog in the darkness of a forest.

Who else, if not a brother, could have testified

to the pain and dismay of finding yourself alone, undefended,

in the middle of a twenty-year war whose causes,

whose consequences, whose sides you don't know?

Who better than a brother could have testified that it was a war,

supporting me in throwing off this inherited armor,

these immovable tools left to rust in our garden?

When he promised to come and see me, I prepared

with my finest clothes;

I prepared the finest welcome, so that even he could have a family,

even he who'd never had a family before.

But my beloved brother had chosen for a long time

not to look back anymore.

Not even he came anymore.

È andata così.
Nessuno è più venuto da me per rapirmi, o almeno accomodarsi.
Nessun familiare che abbia avuto la dignità di tornare
        a onorarmi da regina, quale ero
– benché il mio regno fosse stato piuttosto un calco
di qualcosa che avrebbe dovuto esserci e non c'era –;
nessun amante che abbia avuto l'ardire o il desiderio
        di guardarmi da donna,
di stendermi su un letto, chiudermi gli occhi;
nessun amica che abbia avuto la pietà o l'incoscienza
        di mettersi qui, vicino a me,
a contemplare in silenzio la sparizione progressiva di questa casa
dalla quale sono fuggite, per conto proprio,
le tende alle finestre, gli armadi, gli utensili ordinari,
finanche le mura divisorie, tutto,
eccetto questo fascio di luce che ci svela, ci attraversa,
come un giavellotto ficcato nella schiena.


Per questo – ti dicevo – sono stata isolata,
oppure sono io che mi sono isolata, va a sapere,
troppo diversa, timidissima, incostante.
Quand'ero ragazza, mio fratello e mio padre, si svegliavano
di buon mattino per rasarsi, profumarsi e imbellettarsi,
non vedendo l'ora di uscire di casa, raggiungere la scuola
        o l'accademia, o anche un'alcova,
un posto in cui indossare la propria identità,
una muta subacquea impermeabile e senza fessure;
mi infastidiva quella loro frenesia; ero invidiosa
        della loro sicurezza.
Io mi ero ritirata, non perché mi sentissi migliore,
        anzi, per pigrizia,
o forse per la consapevolezza premature che ogni occupazione
non sarebbe più servita a liberarmi da me stessa

It went like this.
No one came anymore to me, to enchant me,  or to sit down at least.
No relative who's had the dignity to come back
        and honor me as a queen, which I was—
though my kingdom had been instead a plaster cast
of something that should have been there and wasn't;
no lover who's had the daring or the desire
        to look at me as woman,
to lay me down on a bed, to close my eyes;
no friend who's had the compassion or the recklessness
        to bring herself here, close to me,
to silently contemplate the progressive disappearance of this house
from which they've escaped, on their own,
the curtains in the windows, the lamps, the armoires,
the common utensils, even the room dividers, everything,
except for this beam of light that reveals us, that goes through us,
like a javelin driven into the back.

Because of this—I told you—I was isolated,
or I was the one who isolated myself, for all I know,
too different, extremely shy, mercurial.
When I was a girl, my brother and father woke up early
in the morning to shave, put on cologne, and freshen themselves,
looking forward to leaving the house, going to school or college,
        or even a love nest,
a place where they could put on their own identity,
an impermeable diving suit, with no leaks;
their excitement irritated me; I envied their assurance.
I'd withdrawn from society, not because I felt better,
        out of laziness, actually,
or maybe the premature awareness that every occupation
would no longer serve to free me from myself,

ad assolvermi dalla dipendenza che a qualcuno mi legava,
    sempre, anche quando nessuno c'era.
Non avevo nulla da conquistare o presidiare, io.
Fosse stato per me, sarei rimasta una fanciulla,
avrei sprecato il mio tempo a rincorrere farfalle,
immergendomi nei fiori di magnolie, di wysterie, dei lillà;
me ne stavo nel mio letto fino quasi a luce alta;
era un giaciglio per me, vi indugiavo con piacere,
    senza vergognarmene.
Isolata in quella culla quotidiana, mi applicavo ad assolvere
a quel compito che io stessa m'ero dato:
trasformare tutta la rabbia, circolata nella famiglia
in qualcosa di buono e riconosciuto;
riportare il sorriso su quelle maschere da sfingi
    che i miei indossavano continuamente,
pareggiare i conti con mia madre e con mio padre.
Quel ruolo di mediatrice mi si addiceva,
proprio per la mia riconosciuta sensibilità e doppiezza,
anche se mi sarebbe costato la semplicità,
    l'integrità e l'amore, innanzitutto.


Che cosa enorme l'amore – non pensi? –, robusto, bello.
Un albero di rose, sostenuto da migliaia di radici contraddittorie,
fiorito da migliaia di boccioli variopinti,
così esposto alle intemperie, all'abbandono, ai bucherons.
Ero stata concepita per l'amore, io
– forse anche il matrimonio, come dicevano altri –;
non facevo che pensare a un bel ragazzo,
uno di quegli atleti affascinanti e tenebrosi che affollavano il liceo,
con cui fantasticavo di commettere serate sul bordo del mare,
tra lettere sentimentali e parole infuocate.
E come sempre, quando cerchiamo avidamente la mano
    di qualcuno che ci completi,
l'amore arriva presto, per nulla inatteso.

to absolve me of the addiction that bound me to someone,
    always, even when no one was there.
I had nothing to conquer or protect.
If I'd had the choice, I would have stayed a little girl,
I'd have wasted my time chasing butterflies,
immersing myself in the magnolia, wisteria, lilacs;
I stayed in bed until the light was high;
it was a nest for me, where I lingered pleasurably,
    completely shameless.
Isolated in that cradle every day, I applied myself to fulfill
    that task I'd given myself:
to change all the rage circulated in the family
into something good and acknowledged;
to put the smile back on those sphinx masks that my people
    constantly wore,
to settle accounts with my mother and my father.
The role of a mediator suited me,
precisely because of my acknowledged sensibility and duplicity,
even if it would have cost me my simplicity,
    my integrity and my love, first of all.

What an incredible love—don't you think so?—vigorous, beautiful.
A rose tree, supported by thousands of conflicting roots,
blooming with thousands of multicolored buds,
so exposed to bad weather, neglect, and woodcutters.
I had been conceived for love, I had—
maybe even marriage, as others said;
I'd done nothing but think about a good-looking boy,
one of those dark and fascinating athletes my high school
    was filled with,
that I fantasized being with at the seaside in the evening,
between sentimental letters and passionate words.
And, as always, when we avidly seek the hand of someone
    who will complete us,
love arrives soon, by no means unexpected.

Anche tu sei arrivato, fin troppo presto,
    i riccioli castani e morbidissimi,
lo sguardo premuroso e coinvolgente, l'intelligenza acuta;
una borsa di progetti e giuramenti:
stare insieme, lottare insieme, invocare un figlio,
viaggiare, giocare, desiderare il desiderabile.
Quanta determinazione in quelle promesse; quanta verità!
Sembravi Ulisse, Ettore, quegli eroi non dominabili,
nei quali la passione giovanile parla al posto della realtà.
D'altro canto, onesto lo sei sempre stato,
non è per questo che è finita; non è per mancanza d'amore
    o di coraggio.
Ero io purtroppo a non essere all'altezza, del tuo amore,
    della tua dedizione.
Incerta, troppo divisa, complicata.
Anche quando riconoscevo il disperato bisogno di te,
non sapevo domandarti né amore né aiuto;
mi richiudevo nella mia superba insufficienza
aspettando che tu mi fossi accanto a contemplare,
a testimoniare ciò che io soltanto potevo fare.

Ho sprecato la giovinezza a cercare di comprendere,
    – o almeno mitigare –,
l'incomprensibile livore di quei giganti che attraversavano la casa,
calpestando tutto ciò che incontravano sul loro cammino.
Nessuno l'aveva proclamata, quella guerra,
    ma una guerra pure c'era.
Non restava che imparare, e presto, a distendersi per terra,
sotto il tavolo da cucina, lungo il muro del corridoio,
a sdraiarsi come un morto, sperando che almeno da morti
si possa rimanere concentrati su ciò che vorremmo essere e sognare.
Adesso, quell'immagine di me distesa sul pavimento
è diventata una postura, una condizione,
una posa conservata per non distrarsi
su qualche particolare irrisorio del passato o della quotidianità.

You arrived too, all too soon, with your very soft brown curls,
your attentive and captivating glance, your sharp intelligence;
a bag full of plans and vows:
being together, struggling together, conjuring a child,
traveling, playing, desiring the desirable.
How much determination in those promises; how much truth!
You were like Ulysses, Hector, those indomitable heroes
in whom youthful passion speaks in place of reality.
On the other hand, you always have been honest,
that isn't why it's over; it's not for lack of love or courage.
It was I, unfortunately, who didn't live up to your love,
     your dedication.
Hesitant, too conflicted, complicated.
Even when I realized my desperate need for you,
I didn't know how to ask you for love or help;
I closed myself up in my haughty inadequacy
waiting for you to be next to me to consider,
to witness what I alone could do.

I frittered away my youth in trying to comprehend—
     or at least mitigate—
the incomprehensible venom of those giants
     who passed through our house,
trampling over everything they bumped into in their path.
No one had declared that war, but a war it surely was.
All that was left was to learn, and soon, to stretch out on the ground,
under the kitchen table, along the corridor wall,
to lie down like a dead person, hoping at least like the dead
to learn to focus on what we'd like to be and to dream.
Now that image of me stretched out on the floor
has turned into an attitude, a circumstance,
a pose preserved so as not to distract by some trifling detail
     of the past or daily life.

D'altronde, cos'altro fare?
Col tempo, le mura di questa casa sono crollate nel disinteresse,
e qui non c'è rimasto che questo pavimento poggiato sull'aria,
    sul mare, sul niente,
e queste finestre svestite e trasparenti;
un occhio dilatato di cristallo, dal quale non possiamo che guardare
    verso l'ignoto. Lo vedi? Lo senti?
    Non è quello che volevo.


Dio mio! Voglio uscire da questa gabbia!
Voglio accomodarmi fuori di me, per una volta, lo voglio veramente;
ma come fare a uscire da questa prigione,
senza ritrovarsi in una nuova claustrofobica prigione?
Siamo sicuri che questa uscita da noi stessi valga l'angoscia
    e la fatica di affrontare l'ignoto?
Come fare a sostenere il desiderio, quando tutto è andato perso?
Vedi? Quando son stanca o impaurita, tendo a tormentarmi,
senza dire nulla di interessante, beninteso.
Mi capita sempre di dire delle cose sparigliate, inconcludenti,
che spesso si confondono le une con le altre, o si ripetono;
non ha un filo il mio racconto, perché il racconto che avevo
    immaginato per noi tutti, s'è interrotto;
il filo s'è spezzato, le perle sono andate così, rinfuse, disperse;
quando ne ritrovo qualcuna, mi sembra inutile capire dove
    andrebbe rimessa.
Vado avanti senza senso, accostando gli affetti e gli accadimenti
    alla meno peggio,
come se li avessi ritrovati tutti insieme dentro di me,
ammucchiati, ripescandone ora l'uno ora l'altro, a casaccio,
da questo ammasso che la vita ha ramazzato.


    È stato così.
Ho sempre sofferto di una sorta di instabilità ciclica,
    ora sfrontata, ora pudica;
un'instabilità tutta mia, anche se è difficile non assegnare

14

Besides, what else is there to do?
Over time, the walls of this house collapsed in indifference,
and nothing's left here but this floor resting on air,
    on the sea, on nothing,
and these stripped and transparent windows;
a dilated crystal eye through which we can only look toward
        the unknown. Do you see it? Do you feel it?
    That is not what I wanted.


My God! I want to get out of this cage!
I want to make myself at home outside myself, for once, I really want to,
but how can I get out of this prison,
without finding myself in a new claustrophobic prison?
Are we sure that getting out of ourselves is worth the pain and stress
    of confronting the unknown?
And how can we sustain desire, when everything has been lost?
You see? When I'm tired or scared, I tend to torment myself,
without saying anything interesting, naturally.
I always wind up saying wishy-washy, disconnected things,
that are often mixed up with one another, or repeat themselves;
my story has no thread, because the story I imagined for us all
    has been interrupted;
the thread is broken, and the pearls have been scattered
    every which way;
when I find one, it seems pointless to figure out where it should be put back;
I go on without feeling, approaching emotions and events
    in hit or miss fashion,
as if I'd found them all heaped up together inside me,
fishing out one or another at random,
from this pile that life has swept up.


    That's how it was.
I've always suffered from a kind of cyclical instability,
    now brazen, now prudish;
an instability all my own, though it's hard not to assign

qualche importanza alle vicende familiari, alla fortuna,
ai cicli naturali del sole e della luna.
Prendi questa stanza denudata, per esempio, queste finestre.
Di sera, di sera tardi, la luce si ritira,
lasciandoci in prestito una piccola flebile luce d'interno,
a causa della quale non riusciamo più a guardare che noi stessi,
di nuovo, riflessi, ritratti, inquietanti.
Ma di giorno, la luce si solleva sull'orizzonte, permettendoci
     di mirare altrove,
e trovare qualcosa che riemerga dalle viscere del mondo,
qualcosa, su cui fantasticare.


     Vieni, siedi qui, vicino a me.
È una bella primavera questa, o almeno una stagione propizia.
Lontano, in un posto del mondo che è indifferente definire,
le spighe del grano stanno maturando;
i campi diventano foreste, fitte come labirinti,
nel cui dedalo i bambini si rincorrono a nascondersi,
a nascondere qualcosa, anche se non saprei dire che cosa.
Una madre sta disegnando una scena domestica
nella quale si ripiega su un balcone, lo sguardo sornione
     rivolto lontano,
mentre biascica qualcosa sull'amore per il figlio, tipo:
"Mi raccomando, sii felice, lo sai che ti amo...".
Da qualche altra parte, sua figlia, mai venuta alla luce,
sta tornando nel proprio cunicolo; ci ritorna col terrore negli occhi,
oscillando pericolosamente su una corda tesa;
ci ritorna con l'angoscia di sparire di nuovo,
mentre lì vicino il suo compagno se la spassa. Com'è possibile?
Come fa a ritornare nel buio se è mai venuta alla luce?
Come fa ad angosciarsi se ha mai vissuto niente? Dici che deliro?
Non è capitato anche a te di restare a osservare le immagini terrifiche
che improvvise compaiono sul retro delle palpebre,
proprio mentre ti stai addormentando?

some importance to family incidents, to fortune,
    to the natural cycles of the sun and moon.
Take this emptied room, for instance, and these windows.
In the evening, late in the evening, the light withdraws,
leaving us on loan a faint little interior light,
because of which we can't look at ourselves anymore, afresh,
reflected, portrayed, disturbing.
But by day, the light comes up over the horizon,
    letting us aim somewhere else
and find something that resurfaces from the viscera of the world,
something to daydream about.


    Come, sit here, near me.
This is a beautiful spring, or at least an auspicious season.
Far away, somewhere in the world that's pointless to name,
the wheat stalks are ripening;
the fields are turning into forests, as deep as labyrinths,
in whose mazes children chase each other and hide,
hiding something, though I can't say what it is.
A mother is sketching a domestic scene
in which she bends over a balcony, her sly glance focused far away,
while she mutters something about her love for her son, such as:
"I implore you, be happy, you know that I love you…"
From somewhere else, her daughter, one who never came to light,
is going back to her own burrow; she comes back with terror
    in her eyes,
teetering dangerously on a rope stretched;
she comes back with the anxiety of disappearing once again,
while nearby her companion is having a good time. How is that possible?
How does she get back in the dark if she's never come into the light?
How does she get anxious if she's never experienced anything?
    Do you think I'm raving?
Hasn't it ever happened that you stay to observe the horrific images
that suddenly appear on the insides of your eyelids,
right while you're dozing off?

È una di queste allucinazioni, la mia, l'ennesima,
visto che qui dentro, ormai, non c'è più niente e nessuno
    da contattare concretamente.


L'altro giorno ho sognato una bambina, bella, felice, piccina.
Tornava dalla scuola con lo zaino sulle spalle, i suoi spartiti,
    i suoi pompon.
L'ho presa in braccio, l'ho sollevata, l'ho baciata.
Sembrava contenta di tanta allegria.
Ho sentito all'improvviso che il mio tempo stave tutto in quel valzer
    danzato con lei, in quella felicità istantanea.
Un'istantanea, dunque, un altro fotogramma, un nuovo inizio,
nell'arco delle nostre vite in cui tutto è cominciato prima
    che noi ci fossimo,
e a noi non è restato altro che portarlo a compimento.
Lei mi ha dato la grande felicità e la grande tristezza,
la gioia di sentirmi completata, riconosciuta,
e insieme l'angoscia di un amore che se ne andrà chissà dove.
Quella bambina... Non l'ho più dimenticata.
È stata la prima volta che ho desiderato di vivere e invecchiare.
Prima, non avevo mai provato che il guizzo dell'animale
    braccato dai predatori – tutti allucinati, come al solito –.
Ricordi quel dipinto gigantesco, nella camera da letto?
L'avevamo acquistato a una mostra di Velicovich.
Un uomo riemerge dal buio, come rincorso da sconosciuti.
Un uomo nudo, muscoloso, angosciato,
che salta i gradini di una scala innalzata sullo sfondo
di una parete rossa di sangue, di passato,
e in cima alla quale si staglia una porta nera, metallica;
    una porta chiusa, sbarrata.
Dunque, una morte certissima, assodata.
Eppure quell'uomo continua a arrampicarcisi.

It's one of those hallucinations of mine, the umpteenth,
seeing that now there's nothing and no one in here anymore
     to actually make contact with.


The other day I dreamed about a lovely, happy, tiny little girl.
She came back from school with her bookbag on her shoulders,
     her sheet music and pompoms.
I took her in my arms, I picked her up, I kissed her.
She seemed glad about so much joy.
I suddenly felt that all my time was in that waltz I danced with her,
     in that flash of happiness.
A flash photo, then, another freeze frame, a new beginning,
in the arc of our lives in which everything began
     before we were here,
and nothing's left for us but to carry it to completion.
She gave me great happiness and great sadness,
the joy of feeling myself completed, recognized,
and with it the anxiety of a love that will go away
     who knows where.
That little girl… I've never forgotten her.
It was the first time I wanted to live and grow old.
Before, I'd experienced only that leap of an animal hunted
     by predators—completely hallucinated, as usual.
Remember that giant painting, on the bedroom wall?
We'd bought it at a Velicovich exhibition.
A man comes out of the darkness, as if chased by unknown
     pursuers.
A man who is naked, muscular, distressed,
who climbs the steps of a staircase raised against the background
of a wall red with blood, with the past,
at the top of which stands a black metallic door;
     a door that's closed and barred.
Then, a confirmed, absolutely certain death.
And yet that man keeps going up the stairs.

A correre, dal buio verso il buio.

Quale altra strada imboccare? Cos'altro poteva fare?

Niente, nient'altro che scappare,

anche se era chiaro che la corsa sarebbe finita contro una porta.

È stato così.

Siamo stati vittime di un processo di divisione, io e te.

Forse la morte totale ci è sempre inaccettabile;

forse la ferita è il prezzo che paghiamo,

tutte le volte che ci affidiamo all'amore dell'altro, senza riserve,

perché – diciamolo –, chi può accoglierci in tutto e per tutto?

Chi può contattare profondamente la propria sofferenza o la colpa?


Ma basta coi ricordi.

Ricordare richiede tempo, e io non ho più tempo; ricordare

richiede spazio, e io non ho più spazio.

In questa camera svuotata che si perde alla deriva,

non ho altro spazio, io, che per il mio corpo;

non posso più ospitarti, amore mio;

non posso far entrare più nessuno,

nemmeno una cometa che fuggendo chieda asilo,

nemmeno un pensiero, per quanto astratto

(e forse, proprio quelli sono i più ingombranti).

D'altro canto, non posso rifiutarmi di accettare qualche estraneo

che risalga da me stessa.

Non sarebbe la prima volta. Le vedi queste larve?

Questi piccoli pàppici cremosi e innocui,

nascosti nelle pieghe delle cosce?

Sono comparsi dall'interno di me stessa, tempo fa.

All'inizio, mi sono spaventata; ci perdevo il sonno a ispezionarmi,

per capire da dove uscissero.

Mi guardavo nella bocca, tra i capelli, tra le rughe,

ma niente, niente da fare.

Temevo di morire da un momento all'altro.

Ho pensato per anni che questi vermi fossero i prodotti

del mio corpo in decomposizione

Running, from dark to dark.
What other road is there to take? What else could he do?
Nothing, nothing but to run away,
even if it was clear that the run would end up against a door.
   That's how it was.
We've been victims of a process of division, you and I.
Maybe total death is always unacceptable to us;
maybe the wound is the price we pay all the times
we entrust ourselves unreservedly to another's love,
because—let's face it—who is there who can approve of us
   in all and for all?
Who can deeply get in touch with his own suffering or guilt?


   But enough of memories.
Remembering calls for time, and I have no more time;
 remembering calls for space, and I have no more space.
In this emptied room that is lost and adrift,
I have no other space except for my body;
I can't harbor you anymore, my love;
   I can't let anyone come in,
not even a fleeing comet that seeks asylum,
not even a thought, no matter how abstract
(and maybe those are the most unwieldy ones).
On the other hand, I can't refuse to accept some stranger
   who climbs back out of myself.
It wouldn't be the first time. Do you see these larvae?
These creamy little harmless worms
   hidden in the creases of my thighs?
They appeared from inside me, a while ago.
At first, they frightened me; I lost sleep inspecting myself,
   to figure out where they'd escaped from,
I looked in my mouth, in my hair, inside my wrinkles,
   but there was nothing, nothing to be done.
I afraid that I might die at any moment.
For years I thought my decomposing body produced the worms—

– la decomposizione di un corpo avvizzito poiché non più irrorato
    dal desiderio –.
E invece, più tardi mi ci sono abituata, ne ho compreso la natura;
questi insetti non sono segni della morte,
ma un presagio, un segno anticipatorio, piccolo,
affinché ci si possa abituare ad accoglierla la morte,
    anziché temerla o fuggirla.
Sono questi i miei compagni adesso.
Mi solcano la pelle, mi traversano, mi avvolgono,
mi solleticano insomma, mi fanno scivolare felicemente
su questa vita come su questo letto, su questo nulla.
E questi porri, li vedi? Questi funghi nerastri?
Riesci a immaginare quanti anni li ho guardati con terrore?
Quanti anni ci ho delirato sopra?
Forse, forse mi puoi capire, o almeno credere.
Quando si galleggia verso la fine, le cose cambiano;
diventiamo dei ciechi, ma capaci di dar senso a ciò che è informe.
Forse, queste verruche sono i lucernari di un sottosuolo;
forse dentro di me riposa una città sommersa, popolata di abitanti vivi,
di tutti coloro che ho amato profondamente,
    anche se talvolta nemmeno li ricordo,
e questi ne sono i campanili!

    Non ne ho più paura.
Ho imparato che occorre procedere per gradi;
concedersi il tempo della comprensione, dell'accettazione;
sapere che ogni cellula, anche maligna, ci appartiene,
è nostra, ci porta un messaggio d'amore,
laddove nessun'altro sia riuscito ad ascoltarci.
E poi, dopo la comprensione, occorre seppellire,
    e riprendere a sognare.
Ci sto provando. Ho tutto il tempo adesso.
Ogni giorno, verso il pomeriggio, mi ricopro di cera,
in modo da rendermi bianca, tutta bianca,
    e rimuovere ogni asperità di me stessa;

the decomposition of a body withered because it was no longer
    moistened by desire.
And yet, later on, I grew used to it, I understood its nature;
these insects were by no means the signs of death,
but a foreshadowing, a small, anticipatory sign,
so that we can learn to welcome death,
    instead of fearing or fleeing it.
Now they're my companions.
They groove my skin, they cross me, they surround me,
in short, they tickle me, they make me glide happily
on this life as on this bed, on this nothing.
And these warts, do you see them? These blackish fungi?
Can you imagine how many years I looked at them in terror?
How many years I raved over them?
Now as we float toward the end, things change;
we grow blind, but capable of conferring meaning
    on what is formless.
Maybe these warts are skylights onto a subsoil;
maybe inside me there's a submerged city, populated by living inhabitants,
all those that I've deeply loved,
    even if I sometimes don't even remember them,
and these are its belltowers!

    I'm not afraid of them anymore.
I've learned that we have to proceed by degrees;
to give ourselves time to understand and accept;
to know that every cell, even malignant ones, belongs to us,
is ours, and brings us a message of love,
there where no one else has been able to hear it.
And then, after understanding comes burying,
    and starting to dream once more.
I'm trying to. Now I have all the time.
Every day, toward afternoon, I cover myself with wax
so as to make myself white, completely white,
and to remove all roughness from myself;

voglio rendermi assoluta, diventare una statua,
una di quelle statue classiche, poggiate nei giardini delle Chiese,
    così morbide, senza pretenzioni, senza sesso.
In realtà, indugio in questa prassi quotidiana per tenermi in esercizio
col disvelamento e la falsificazione, oltreché per ingannare il tempo.
Raccogliere la cera secreta dalle escrescenze, coprirmene con cura,
mi ricorda quand'ero giovanetta e mi apprestavo
    davanti allo specchio
ad ammansire la mia bellezza, a attutirla con il trucco,
di modo che i ragazzi non ne fossero spaventati, ma rassicurati.
Quella progressione verso la complessità mi dava la sensazione
    di essere speciale, diversa, più viva. Capisci?
Proprio il contrario di ciò che pensava mio padre.
Lui credeva che occorra volere un solo lavoro,
un solo compagno, una sola vita insomma.
E giù, tutta una serie di discussioni e argomenti,
    dalla morale alla psicoanalisi.
Uuhh! Quante ne ho sentite! Eppure, dov'è lo scandalo?
Siamo sempre portati a edificare le nostre teorie
su ciò che sotto sotto è solamente il nostro corpo.
Forse, mio padre non ha avuto la sventura di vedersi comparire
    addosso dei comignoli,
dai quali sorvegliare cosa accade in se stessi.


Io, questo giro d'ispezione lo faccio da tempo.
Costretta come sono in questo cubo di cristallo,
quando la luce del mondo va tramontando,
    mi incammino dentro me stessa,
non dico nell'animo, nello spirito, nell'essenza
    – che termini, mio Dio! Buoni solo per le guerre o le Accademie –,
ma proprio nel corpo, nel cuore, nello stomaco.
Così facendo, ho scoperto verità inconfutabili, beninteso per me stessa.
I miei tendini, i miei muscoli, i miei denti,
lo scheletro degli organi cavi o pieni, tutto questo in me è danneggiato.
È come se fossi slegata, come se le parti di me stessa fossero slegate,

I want to make myself absolute, turn into a statue,
one of those classic statues that stand in the gardens of churches,
    so soft, unpretentious, and sexless.
In reality, I linger over these actions every day to stay in practice
    with revelation and falsification, as well as to cheat my time.
Collecting the wax secreted from the growths,
    spreading it on myself, carefully,
it reminds me of when I was young and getting ready to tame
    my beauty
in front of the mirror, to muffle it with makeup,
so that the children weren't afraid of it, but reassured.
That progression toward complexity gave me a feeling
    of being special, different, more alive. Do you understand?
Just the opposite of what my father thought.
He thought that we ought to want one single job,
one single partner, one single life, in short.
And downstairs, a whole series of discussions and arguments,
    from morality to psychoanalysis.
Uuhh! How many I've heard! And yet, where's the scandal?
We're always led to construct our theories
on what deep down is only our body.
Maybe my father hasn't had the misfortune of those who see themselves
    appear on top of chimneys,
from which to watch what goes on inside themselves.


I've been making this tour of inspection for a long time.
Constrained as I am in this crystal cube,
when the light of the world goes down, I walk into myself,
I don't mean into my soul, my spirit, my essence—
my God, what words! good only for wars or academies—
but right into my body, my heart, my stomach.
Doing so, I've discovered irrefutable truths—for myself, of course.
My tendons, my muscles, my teeth,
the skeleton of the organs empty or full, in me all this is damaged.
It's as if I were unfastened, as if the parts of me were unfastened,

la mia spina vertebrale è sul punto di crollare.
All'interno del mio corpo, le travi crollano, e i mattoni rovinano
    gli uni sugli altri,
formando degli ammassi, dei vuoti incapsulati. Mi capisci, vero?
Non sono mai stata capace di vivere da sola,
avevo sempre bisogno di qualcuno che m'aiutasse a stare in piedi;
qualcuno che ricomponesse i pezzi sparsi, i desideri e gli affanni,
secondo un disegno coerente di me stessa.
Tu ce l'avevi questo progetto – lo so – ce l'avevi la passione,
    la forza, la dedizione.
Ma io ero troppo divisa per poter restare uniti.
Non ero stabile, non suscitavo abbastanza fiducia.
E poi, la nostra famiglia, la nostra città, la nostra casa.
    Ci sono ritornata, sai?
Stava così, crollata, sotto il peso delle colpe.
L'ammasso dei calcinacci sul pavimento ti obbligava
    a camminare con attenzione;
ti permetteva di scoprire dei particolari di noi stessi
    che credevamo smarriti.
Tra gli stipiti della porta qualcuno aveva inchiodato
    la tastiera del pianoforte. Mi ci avvicinai;
misi le dita sulle note mancanti.
Misteriosamente, riprese a suonare, come riconoscendomi.
    Che meraviglia!
Era il brano che qualcuno stava suonando
quando l'ultimo colpo fece piombare il silenzio sopra di noi;
era il brivido profondo della paura;
era il pianto disperato per la vita e l'infanzia
    ch'era andata perduta.
Eppure, niente era andato davvero perduto.
La musica restava ancora lì, nascosta, intrisa nelle mura.
Dentro di me ho ritrovato perfino qualche bella canzoncina
che mia madre canticchiava, mentre preparava la cena
o si truccava davanti allo specchio. Ricordi?
"Signorinella pallida, dolce dirimpettaia al quinto piano...";

26

my spinal column is at the point of collapse.
On the inside of my body the beams collapse and the bricks crumble
  one on top of the other,
creating heaps and encapsulated voids.
  You understand me, don't you?
I've never been capable of living on my own,
I've always needed someone to help me stay on my feet,
someone to put the scattered pieces together, the desires and anxieties,
according to a coherent design of myself.
You had this project—I know—you had the passion,
  energy, dedication.
But I was far too divided for us to stay united.
I wasn't stable, I didn't inspire enough trust.
And then, our family, our city, our house.
  I came back here, do you know?
It was like this, collapsed under the weight of mistakes.
The pile of rubble on the floor forced you to walk with care;
it let you discover some particulars about ourselves
  that we thought were lost.
Between the door jambs someone had nailed the piano keyboard.
  I approached it;
I placed my fingers on the missing notes.
Mysteriously, it began to play, as if it recognized me.
  How wonderful!
It was the piece someone was playing
when the last shot made silence drop down on us;
it was the deep shiver of fear;
it was the desperate tear for the life and the childhood
  that had been lost.
And yet nothing had really been lost.
The music was still there, hidden, soaked into the walls.
Within myself at least I've found once more that lovely little ditty
my mother used to sing while she was making dinner
or putting on her makeup in front of the mirror. Remember?
"Young girl so fair and sweet, across the street on the fifth floor..."

Sì, ci sono rimasta degli anni, rannicchiata su me stessa,
prima di ritrovare la melodia di uomini gentili,
mossi dall'amore, dalla passione,
o anche dalla disperazione, e potermene fidare.
Occorre del tempo per questo, parecchio tempo.
Adesso, quando la luce del sole si solleva all'orizzonte,
mi alzo in piedi, mi avvicino ai vetri, e i vetri si flettono,
diventano strumenti musicali che raccolgono quei fiati
    debolissimi e profetici,
grazie ai quali vaticiniamo se arriverà qualcosa di buono o minaccioso,
– un temporale, una nave da crociera,
oppure un bell'atleta che incede a petto nudo –.
    Li senti anche tu?
Avvicinati, siediti; forse riusciamo a ritrovarci.
    Ci riesci? Non ci riesci?
Sei troppo giovane tu, ancora attaccato alla vita,
ancora alla ricerca di cose da masticare,
di una storia evocabile insomma,
di quelle che chiamiamo letteratura, o vita.
Ma io non appartengo più alla vita; non so più definirmi,
non so dirti cosa sono diventata, una vecchia, un'allucinazione,
un'emozione qualunque intesa poco prima della morte.

È difficile parlarne, lo so,
raccontare le cose dal versante del niente.
    E a che scopo adesso? Che cosa cambierebbe?
Tutto è disperso, perduto, fatto a pezzi. Li vedi?
Dei cani randagi mordono l'aria, da qualche parte,
per ricordarsi di come si mangia, si uccide, si prova piacere;
laggiù, sull'orizzonte, una barca si muove leggera,
tirata da un filo invisibile, al tramonto ormai spento,
e noi stiamo irretiti sul bordo dell'oceano. Incubi, appunto.
Conseguenze imprevedibili dell'esperienza,
forse anche della felicità raggiunta qualche volta,
    benché fugacemente.

Yes, I stayed here through the years, curled up inside myself,
before I found the melody of gentle men, moved by love, by passion,
or even despair, and could trust it.
It takes some time for this, quite a lot of time.
Now, when the sunlight rises on the horizon,
I get to my feet, I go toward the windows, and the windows bend,
they become musical instruments that collect those extremely faint,
    prophetic breaths,
graces by which we prophesy whether something good or ominous
    is on its way—a storm, a cruise ship,
or else a handsome bare-chested athlete striding past.
    Do you hear it too?
Come close, sit down; maybe we can find each other again.
    Can you? Can't you?
You're too young yet, still attached to life,
still looking for things to dabble in,
in short, for a story that can be evoked,
for those things we call literature, or life.
But I'm not part of life anymore; I can't define myself anymore,
I don't know how to tell you what I've become, an old woman,
    a hallucination,
an emotion however understood just before death.

It's hard to talk about, I know,
to tell things from the slope of nothing.
And for what purpose now? What would it change?
Everything is scattered, lost, smashed to pieces. Do you see them?
Stray dogs bite the air, somewhere,
so they can remember how to eat, how to kill,
    how to find pleasure;
out there, on the horizon, a boat moves lightly,
pulled by an invisible thread, in the now extinguished sunset,
and we are netted on the edge of the ocean. Nightmares, indeed.
Unforeseeable consequences of experience,
maybe even of happiness achieved sometimes, though fleetingly.

Puoi trascorrere degli anni senza accorgerti di niente.
Ti pare che non succeda nulla, non riesci a spiegarlo, sei vuoto.
Poi, un giorno, un essere insignificante – un amante, una farfalla –
si posa sulla cima di un platano bagnato,
    poco dopo un temporale,
e quell'albero comincia a oscillare, via via più fatalmente,
la pioggia riprende, se pure non c'è pioggia.
Allora ti guardi, sollevi la testa,
ti accorgi che una mandria di nuvole va via, nel cielo ormai terso;
diventi consapevole, non più di ciò che sei, ma di quello che hai perso.
Proprio questo è capitato, a me, a te, a quelli come noi.
Fino a quando ho vissuto da sola, assolutamente sola,
non facevo che rinchiudermi in me stessa!
A farmi compagnia c'erano i vermi, le rughe, le verruche;
da ascoltare c'erano i respiri e i borborigmi;
da ammirare c'erano i seni, le labbra, le cosce.
Poi è arrivata la perdita, la coscienza della perdita – non so come dirti –,
e insieme ad essa l'evidenza che lì fuori c'era stata la vita degli altri,
e che anche tu ci sei stato, anche tu, soprattutto.
Da allora ho scoperto una nuova infelicità, la vera infelicità,
qualcosa che c'è stata, ch'è arrivata ed è sparita!
Non so più che fare adesso;
mi pare già d'aver vissuto due, tre o quattro vite, tutte insieme.
Ho conquistato e perduto tutto, troppo in fretta.
Talvolta, mi sembra che la felicità esista ancora,
che tu stia ancora qui, dietro di me.
Forse potrei voltarmi, tornare a immaginare,
in fondo, sono preparata a non trovare più nessuno,
    "Vieni, entra, accomodati".
Oppure, non so, ho troppa paura di riprovare la felicità,
    se questa non è eterna.
Preferisco accettare la fine, anche se ho il terrore della morte,
l'angoscia di trovarmi da sola, senza le tue braccia
    che mi stringono e mi avvolgono.

You can pass through the years without noticing anything.
It seems to you that nothing happens, you can't explain it,
      you're empty.
Then, one day, an insignificant being—a lover, a butterfly—
lights on the top of soaked plane tree, shortly after a storm,
and that tree starts shaking, more and more decisively,
the rain picks up again, even if there's no rain.
Then you look at yourself, you lift your head,
you notice a flock of clouds passing by, in a sky that's become clear;
you become aware, no longer of what you are,
      but of what you've lost.
This very thing happened, to me, to you, to those like us.
Until I lived alone, absolutely alone,
all I did was shut myself up inside myself!
For company there were the worms, the wrinkles, the warts;
for sounds there were my breaths and stomach noises;
for admiring there were my breasts, my lips, my thighs.
Then came loss, awareness of loss—I don't know how to tell you—
and with it the evidence that out there had been the life of others,
and that you have been there too, even you, most of all.
From then on, I discovered a new unhappiness, the true unhappiness,
something that was there, that came and disappeared!
I don't know anymore what to do now;
It seems to me I've already lived two, three, or four lives altogether.
I've won and lost everything, too fast.
Sometimes it seems to me that happiness still exists,
that you are still here, behind me.
Maybe I could turn around and go back to imagining,
after all, I'm ready not to find anyone anymore,
      "Come, come in, get comfortable."
Or, I don't know, I'm too scared to try happiness again,
      if this is not forever.
I'd rather accept the end, even though I'm terrified of death;
the anguish of finding myself alone, without your arms
      that encircle and envelop me,

Per questo indugio in questi riti quotidiani;
mi trucco, mi stendo, mi copro di cera. Preferisco distrarmi così,
lasciare che il caso decida per me – o almeno sul come e sul quando –.

Come vedi la mia casa s'è ridotta all'essenziale, al nulla,
niente pareti, soffitti e recinzioni; nessuna entrata, nessuna uscita.
Soltanto vetri, soffi, illuminazioni,
bagliori incerti che cambiano a seconda della luce.
Come vedi, la mia vita s'è ridotta all'essenziale,
una spoliazione completa, completata;
una dimensione assoluta della perdita, dalla quale mi riesce di concepire
      l'inconcepibile dell'amore perduto.
Come vedi, il mio corpo s'è ridotto all'essenziale,
      slegato, degenerato,
tanto che io stessa me ne curo devotamente
– come faremmo con la salma di una santa –,
ricoprendomi di cera per cancellare tutti i segni del genere,
      delle vittorie e delle sconfitte.

Non c'è più traccia di concretezza nel mio parlarti;
non ho altro per la mente che immagini strappate, allucinate.
      – semmai c'è stata storia –;
nessun linguaggio concreto, rassicurante.

Ciò che posso consegnarti, in quest'ultimo momento terminale,
è uno sguardo piegato, pacificato con tutto e con tutti;
una voce ininterrotta che viene da lontano,
un suono che racchiude tutto ciò che siamo stati.
      Non so se lo senti...

Qualcosa, qualcuno, c'era...
Non è importante sapere, non più adesso.
Qualcuno... qualcosa... era...

*Aosta, Marzo 2014*

This is why I linger over these daily rituals;
I put on makeup, I stretch out, I cover myself with wax.
    I'd rather distract myself this way,
let chance decide for me—or at least the how and the when.


As you see, my house has been reduced to its essentials, to nothing,
no room dividers, ceilings and fences; no door, no entrance, no exit.
Only window panes, breaths, illuminations,
uncertain flashes that change according to the light.
As you see, my life has been reduced to its essentials,
a complete, completed despoliation;
an absolute dimension of loss, out of which I conceive
    the inconceivable of lost love.
As you see, my very body has been reduced to its essentials,
    unbound, degenerated,
so that I myself care for it devoutly—
the way that you would do with a saint's corpse—
covering it with wax to erase all signs of gender,
    of victories and defeats.


There isn't a trace of concreteness in my talking;
all I have for my mind is shredded, hallucinated images.
No story, no memory, no history—if there ever has been history;
no concrete, reassuring language.


What I can deliver to you, in this last terminal moment,
is a crooked glance, at peace with everything and everyone;
an uninterrupted voice that comes from far away,
a sound that contains everything that we've been.
    I don't know if you feel it...


Something, someone was there...
It's not important to know, not anymore, now.
Someone... something... it was...

*Aosta, March 2014*

# Altera Mater

*(Chiuso. Quasi buio. Un uomo parla a una donna inesistente, quasi fosse una Erinni. Accanto a sé, una botola verticale, da cui filtra una luce tagliente; uno specchio ingranditore:)*

Entra, siediti, accomodati. Finalmente.
Non hai mai saputo farlo tu;
non hai mai potuto o voluto accettare un invito.
Ci provo da anni io – quanti anni? Cento, mille? –.
Appena qualcuno ti apre la porta, tu entri e ti volti di schiena,
per non stringere la mano al padrone di casa.
Il tuo corpo si dissecca, diventa piccolo.
I tuoi piedi disegnano una danza da suora in preghiera;
le tue mani da cucitrice, nervose, vendicatrici,
    si chiudono davanti alla bocca,
nascondendo il sussurrìo di una bestemmia contro questo o quell'ospite,
ogni volta contro, ogni volta qualcuno.
E se quello ti sorride, ti offre da bere, diventi di pietra,
la tua bocca si chiude, sebbene sia impossibile nascondere i denti;
questi cominciano a battere, a battere,
si inoltrano al di là della bocca, addentano i piedi, le cosce,
    le labbra degli ospiti;
non riesci più a starci, ti prende l'angoscia, hai voglia di scappare.
Tutto assume la tua durezza, il tuo umore cupo, presago di sventure.
Di sera, dopo cena, sparisci nel sottoscala.
La luce della luna ci sorprende dalle finestre, allunga le ombre,
la tua ombra ti tradisce, si ritira, velocissima,
    un sicario che si perde nella notte.
Resta sul pavimento un odore di sangue, di lotta per la vita o per la morte,
compiuta per vendetta, tutte le sere, per fame,
una fame ancestrale, una punizione divina.

# Altera Mater

*(Indoor. Almost dark. A man speaks to a nonexistent woman, almost evoking an Erinys. Near him, an upright trapdoor from which a sharp light filters; a magnifying mirror:)*


Come, come in, get comfortable. At last.
You've never known how to do it;
you never could or wanted to accept an invitation.
I've been trying for years—how many years? A hundred, a thousand?
As soon as someone opens the door for you,
    you come in and turn your back,
to avoid shaking hands with your host.
Your body dries up, becomes small.
Your feet describe the dance of a praying nun;
you hold your nervous, vengeful seamstress's hands close
    in front of your mouth,
hiding the whisper of a curse against this or that guest,
every time against, every time someone.
And if that one smiles at you, offers you a drink, you turn to stone,
your mouth closes up, though it's impossible to hide your teeth;
they start gnashing, gnashing,
they go outside your mouth, they bite feet, thighs, the guests' lips;
you can't stay there, you're afraid, you want to get away.
Everything takes on your hardness, your dark mood,
    a foreboding of misfortune.
In the evening, after dinner, you vanish underground.
The moonlight surprises us from the windows, it lengthens our shadows,
your shadow betrays you, it withdraws, swiftly,
    a hitman disappearing in the night.
On the floor there's still a smell of blood, of a life-and-death struggle,
carried on out of vengeance, every evening, out of hunger,
    an ancestral hunger, a divine punishment.

Un senso di colpa insaziato si stende su di noi,
come se la tua ombra ci fosse rimasta addosso,
lasciandoci un'accusa di colpevolezza.

    Scusami.
Non voglio aggredirti, non voglio offenderti. Forse
la nostra vicinanza mi ha reso timoroso,
e anch'io non riesco a percepire se non fauci spalancate,
ombre che ci inseguono e ci uccidono.
Adesso sei qua. Lo so, lo so che è difficile per te,
ma prova a piegarti, prova a inclinare almeno un po'
quella colonna rigida come un giudizio divino.
    Siediti, accomodati.
Non hai mai avuto voce tu, mai una parola,
non dico di dolcezza, quanto, almeno, di curiosità:
appena qualcuno ti notava ti rinchiudevi dentro,
cominciavi a cercarti una rifugio, a nasconderti in casa,
    ma la casa si restringeva;
le mura diventavano spesse, alte, impermeabili alle voci
    dei bambini
che ti avrebbero voluta con loro, fuori,
a preparare i dolci col vino cotto o la frutta sotto spirito;
perfino la porta si trasformava, diventava una specie
    di botola verticale,
bucata soltanto dalla luce perentoria che filtrava dalla serratura.
Quella luce ti seguiva, ti impediva di nasconderti del tutto
– a chi d'altronde? Forse alla vergogna per i piccoli patetici furti
    che ogni volta commettevi –.
Ti perdevi a rovistare nei cassetti dei tuoi lugubri armadi,
quei sepolcri familiari appartenuti a tua madre, a sua madre,
    a sua nonna.
Lì dentro, passavi le ore a riordinare i pezzi del corredo,
quelli destinati a una delle mogli degli altri.

An unsatisfied feeling of hunger spreads over us,
as if your shadow had stayed on us,
leaving us with an accusation of guilt.

    Pardon me.
I don't want to attack you, I don't want to offend you.
Maybe our closeness has made me anxious,
and I also can't tell whether wide-open barking jaws,
shadows, are following us and killing us.
Now you're here. I know, I know, it's hard for you,
but try to bend, try to tilt at least a little
that rigid column like a divine judgment.
    Sit down, get comfortable.
You've never had a voice, not even one word,
I don't say of sweetness, as much as, at the least, of curiosity:
as soon as someone noticed you, you shut yourself in,
you started looking for a refuge, to hide yourself at home,
    but the house was shrinking;
the walls grew high and squat, impervious to the voices of the children
who'd have wanted you outside with them,
to prepare desserts with cooked wine or fruit in alcohol;
even the door was transformed, turned into a kind
    of upright trapdoor,
pierced only by the peremptory light that filtered through the lock.
That light followed you, it blocked you from hiding completely—
from whom, after all? Maybe from the shame over the little
    pathetic thefts you committed every time.
You lost yourself rummaging in the drawers
    of your gloomy armoires,
those family sepulchers that belonged to your mother, her mother,
    her grandmother.
Inside there, you spent your time rearranging the pieces
    of your trousseau,
the ones destined for one of the wives of other men.

Un giorno, avevi dimenticato di serrare le persiane
– oppure l'hai fatto apposta –. Avrò avuto quindici anni.
Mi arrampicai dall'esterno del caseggiato, fino alla finestra;
mi misi ad osservare quei rituali enigmatici.
Due dita si muovevano, operose e precise,
        come le zampe di un ragno.
Tirasti fuori dai cassetti la federa di un cuscino, una camicia di raso,
        non so.
Stavi al centro della stanza, come in procinto di confessarti.
Portasti l'orlo della camicia sul viso, sulle labbra,
carezzando quel peccato inesplorabile.
Dietro quei ricami potevi fuggire dalla clausura cui eri destinata.
  Bisognava sorprenderti in uno di quei momenti
per comprendere che anche tu eri stata una bambina;
anche tu avevi desiderato un bacio, una carezza,
almeno da piccola, almeno nel buio di una stanza,
        almeno allo specchio.
Avrei voluto spegnere tutte le luci del mondo per lasciarti proseguire.
Non ci riuscii a cessare le campane di mezzogiorno.
        Ti accorgesti di qualcosa.
All'improvviso, il nastro di luce che attraversava la stanza
        si riavvolse,
scomparendo nell'occhiello della serratura;
lo specchio del grande armadio richiuse le palpebre;
il tuo viso, il tuo corpo, il tuo desiderio, il tuo portamento,
tutta intera diventasti di nuovo vecchia, una statua di legno,
        di quelle erette nei cimiteri.
Uscisti da quella stanza come da un tempo e da un luogo
        lontanissimi.


Eri di nuovo tu. Scesi dalla mia postazione.
Avevo paura della luce – come te d'altronde –,
sebbene la luce, come dicono, ci insegni a riconoscere noi stessi,
ad assumere la maschera più adatta per ogni circostanza.
Abbiamo sempre preferito l'intravisto, noi, il chiaroscuro.

One day, you'd neglected to close the shutters—
or you did it on purpose. I would have been fifteen.
I climbed the apartment building, up to the window;
I set myself to observe those enigmatic rituals.
Two fingers were moving, industrious and precise,
        like the legs of a spider.
Out of the drawer you plucked a pillowcase, a satin blouse,
        I don't know what.
You were in the middle of the room,
        as if you were about to make a confession.
You brought the hem of that blouse over your face, your lips,
caressing that unexplorable sin.
Behind that mask of cloth you could escape from the cloister
        you were destined for.
It was necessary to surprise you in one of those moments
to understand that you too had been a child;
you too had wanted to receive a kiss, a caress,
at least when you were little, at least in the darkness of a room,
        at least in the mirror.
I wanted to shut down all the world's lights to let you go ahead.
I couldn't stifle the noonday bells. You noticed something.
All of a sudden, the ribbon of light crossing the room
        rewound itself,
disappearing through the eye of the lock;
the mirror of the large armoire lowered its eyelids,
your face, your body, your desire, your comportment,
all of you turned old once again, a wooden statue,
        like the ones put up in cemeteries.
You went out of that room as if from a faraway time and place.

You were you once more. I climbed down from my place.
I was afraid of the light—like you, after all—even though light,
as they say, teaches us to recognize ourselves,
to assume the most suitable mask for every circumstance.
We've always preferred the glimpse, the chiaroscuro.

Ti ricordi quella estate, la mia prima da adolescente?
Mi ero chiuso in bagno: avevo bisogno di tempo,
per prendere confidenza col mio nuovo corpo.
Avevamo le zanzariere alle finestre, e i vetri spalancati per il caldo.
Avevo appena litigato con mio padre,
    e avevo bisogno di ritrovarmi.
Talvolta, il sesso ci permette di raggiungere una dimensione onirica,
e allora una corda rossa di seta sembra uscire dal ventre;
ne prendiamo un capo, quello si svolge sorprendentemente,
rivelando a poco a poco tutti i nostri desideri, quelli inconfessabili.
Cominciai a giocarci, me ne avvolsi le mani, le labbra,
    la testa, i capelli.
Tu eri lì, avevi guardato tutta la scena.
Hai vissuto così, dietro una finestra o nascosta da un vetro,
    a scrutare, a origliare, a rubare.
Certe volte, mentre mi facevo la barba,
mi accorgevo di non avere più lingua, di aver perduto un occhio;
altre volte mi sembrava di cercare un fazzoletto,
di non trovare l'accappatoio, la canottiera, i pantaloni;
poi mi giravo, e mi rendevo conto che il fazzoletto ce l'avevo,
me l'avevi messo in tasca tu, silenziosamente;
mi accorgevo che l'accappatoio o la canottiera eran stati già lavati,
oppure che quel pantalone l'avevi stirato tu.
Eri sempre lì, a scrutare nel tuo specchio ingranditore,
quello specchio che portavi tutto il tempo nella borsa;
ti perdevi nelle sue deformazioni a guardare la mia pelle,
a controllare che mi fossi lavato i denti, che non avessi fumato,
    che fossi andato a lavoro,
o non mi fossi perso, piuttosto, tra i cuscini di un'amante.
Non riuscivo mai a cenare da solo, a guardare la tivù,
a leggere un libro o a stendermi nel letto in santa pace:
tu eri lì, incollata a me, dietro di me, in piedi,
a scrutare nel piatto se per caso non avessi lasciato qualcosa;
eri lì con me, sul divano, a leggere la mia stessa pagina,

Do you remember that summer, my first as an adolescent?
I was locked in the bathroom: I needed time,
to get comfortable with my new body.
We had mosquito nets on the windows, which were open
      because of the heat.
I'd just had a fight with my father, and I needed to recompose myself.
Sometimes, sex lets us come to a dreamlike dimension,
and then a red silken cord seems to come out of the belly;
we take it by one end and pull it, it unrolls surprisingly,
bit by bit laying all our desires bare, those unconfessable ones.
I started to play with myself, I wrapped it round my hands,
      my lips, my head, my hair.
You were there, you were watching the whole thing.
You've lived like this, behind a window or hidden by glass,
      spying, listening, stealing.
Sometimes, while I was shaving,
it struck me that I had no tongue anymore, that I'd lost an eye;
at other times I seemed to look for a handkerchief
or not to find the bathrobe, the T-shirt, the pants;
then I turned around, and I saw I had the handkerchief,
      you'd put it in my pocket, silently;
I noticed that the bathrobe or the T-shirt had already been washed,
or that you'd freshly pressed that pair of pants.
You were always there, peering into your magnifying mirror,
that mirror you always carried in your purse;
you lost yourself in its distortions, looking at my skin,
making sure that I'd brushed my teeth, that I hadn't smoked,
      checking on whether I'd gone to work,
or lost myself, instead, between a lover's pillows.
I could never eat by myself, or watch TV,
or read a book or lie in bed in blessed peace:
you were there, glued to me, behind me, on your feet,
peering into my plate as if by chance I might have left something;
you were there with me on the couch,
      reading the same page I was reading,

e se avessi potuto infilarti sotto le lenzuola, chissà, l'avresti fatto.
Sei sempre stata così, vecchia pazza bisbetica, insolente, pettegola,
velenosa, ladra, bugiarda, appiccicosa.
Appena t'accorgevi di una serratura, ti prendeva una sorta
    di violenza incontrollabile;
dovevi aprirla, guardarci dentro, sputarci dentro,
perché nessun'altro potesse possederla dopo di te.
Mia madre aveva una scatoletta di metallo,
di quelle piccole casse forti da armadio nella quale credo
non conservasse altro che qualche collanuccia.
Andasti a prenderla, approfittando della sua assenza.
Dentro c'era una vecchia foto ingiallita di mia madre,
    giovane, bellissima,
ritratta nel momento della prima comunione;
la facesti a pezzi, a piccoli pezzi.
Quando i miei tornarono a casa, tu avesti il coragio di accusare me!
Sei sempre stata così, ladra, meschina, sfortunata.
    Sfortunata.
Avevi desiderato da sempre una vita normale, anche tu;
una casa, un marito e una famiglia;
ma una madre più pazza di te, una madre crudele,
aveva stabilito che sua figlia sarebbe stata dedicata a lei, la parassita.
Hai trascorso la vita vivendo di elemosine,
raccattando le briciole degli altri, passando di casa in casa,
randagia, senza una stanza, senza un armadio;
indossando i cappotti degli altri, le vestaglie, le pantofole buttate;
obbligata ad accettare solo ciò che rimane di una cena,
mandata a letto come un'orfana, da sola,
a recitare preghiere, da sola, con l'angoscia di non essere tenuta,
senza infanzia, senza giovinezza,
senza mai mai mai aver avuto un solo bacio.
E quando l'artrosi e la vecchiaia ti hanno impedito di lavarti,
sei rimasta sporca, senza che nessuno ti desse una mano,
tu stessa incapace di chiedere aiuto, di chiedere perdono.

and if you could have slipped between the sheets with me,
    who knows, you would have.
You've always been like this, a crazy old shrew,
an insolent venomous gossip, thieving, lying, clingy.
As soon as you saw a lock, a kind of uncontrollable violence
    took hold of you;
you had to open it, look inside it, spit in it,
so no one else could have it after you.
My mother had a little metal box,
one of those strong little cabinet cases in which I think
she kept only a few small necklaces.
You went to get it, taking advantage of her absence.
Inside was an old yellowing photo of my mother, young and beautiful,
taken at the time of her first communion;
you tore it into pieces, tiny pieces.
When my parents came home, you had the nerve to blame me!
You were always like that, a thief, mean-spirited, unlucky.
    Unlucky.
You always wanted a normal life, even you;
a house, a husband and a family;
but a mother crazier than you, a cruel mother,
had decided her daughter would be devoted to her, the parasite.
You spent your life living on charity,
picking up other people's crumbs, going from house to house,
a stray, without a room, without a closet;
wearing other people's coats, their nightgowns, discarded slippers;
obliged to accept only what was left over from a dinner,
sent to bed like an orphan, by yourself,
to recite prayers, by yourself, with the anguish of not being held,
without a childhood, without an adolescence,
without ever ever ever having had one single kiss.
And when osteoarthritis and age kept you from washing,
you stayed soiled, without anyone to give a helping hand,
unable to ask for help yourself, to ask for forgiveness.

La tua rabbia ci ha fatto comodo,
ci ha permesso di designare in te quella cattiva, da buttare.
Nessuno si è mai preso la premura di guardare oltre,
di comprendere più a fondo se mai vi fosse stato
    un tempo e una bambina capace di amare,
se non ci fosse ancora qualcosa da amare,
al di là della tua maschera pelosa e aggressiva.
È stato comodo per tutti. Abbiamo trovato il nostro tornaconto.
La tua distruttività ci ha permesso di considerarci buoni;
la tua attrazione per gli orifizi ci ha permesso di non soffrire
    in noi stessi le nostre perversioni;
la tua zizzania ci ha permesso di negare le voragini
    delle nostre relazioni già bell'e sfasciate.
Mai nessuno si è soffermato a considerare
quanta vergogna hai provato quando le più giovani si spogliavano,
sottolineando la tua vecchiaia e la tua mancanza di femminilità.
Quante rinunce hai dovuto accettare? Quante perdite?
Mi piacerebbe parlare di questo, parlare di te.
    Non l'abbiamo mai fatto.
Soltanto una volta hai aperto un cassettino del tuo secretaire,
accennandomi qualcosa di tanti anni prima,
    tua madre, la strega, il tuo sacrificio…

Un bel raggio di sole era entrato tra di noi,
ci aveva permesso di scoprire per la prima volta
    i tuoi occhi di bambina, la tua voce timida e gentile.
Chissà, se quella luce non si fosse spenta subito
avremmo potuto sognare un'altra vita,
ritrovare qualcosa di vivo, di vivo e di materno
sotto la tua maschera di legno; ma tu non hai potuto.

Un giorno mia madre tornò dal lavoro, di sera tardi
    – come tutte le sere –.
Si levò il cappotto di lana beige tagliato a mano

Your rage has made us comfortable,
has let us locate in you that evil to be cast aside.
No one's ever taken the time to look further,
to understand more deeply whether there'd ever been a time
	and a little child capable of love,
if there was still anything there to love,
beyond your hairy and aggressive mask.
It was comfortable for everyone. We'd found our easy way out.
Your destructiveness let us think of ourselves as good;
your perverse attraction to orifices freed us from having to suffer
	our own perversions in ourselves;
your disruption let us deny the chasms of our relationships
	that were already broken.
No one had ever taken the trouble to consider
how much shame you felt when the younger ones undressed,
underlining your age and your lack of femininity.
How many surrenders did you have to accept? How many losses?
I'd like to talk about this, to talk about you. We've never done so.
Only once did you open a drawer of your writing desk,
bringing up something from so many years before,
	your mother, the witch, your sacrifice…

A lovely ray of sunlight had come in between us,
it let us discover your childlike eyes for the first time,
	your shy, gentle voice.
Who knows, if that light hadn't gone out so quickly
we might have been able to dream another life,
to find something still alive, alive and maternal
under your wooden mask; but you couldn't do it.

One day my mother came home from work, late in the evening—
	like every evening.
She took off her hand-trimmed, beige camel-hair coat

(ho una foto in cui sembrava Haudrey Hepburn);
si sedette sorridendo, si sbottonò la camicia.
Tu ti fiondasti su di lei, gridando che proseguire mi avrebbe
      provocato una 'febbre' pericolosa.
Da allora in avanti ci avreste pensato tu e tua sorella ad allattarmi,
      col biberon. Mia madre rimase sbigottita.
Forse la colpa di esser stata una madre le impediva di reagire,
di rivendicare per sé quel gioco sensuale del contatto con la pelle.
Le avevi sottratto la maternità, l'avevi sottratto anche a me quel seno.
Sentivo di essere vuoto, ogni giorno cercavo altro.
Il tuo biberon, infilato maldestramente, mi arrivava nella gola,
      nel respiro, negli occhi: mi sentivo paralizzato.
Quel biberon divenne ogni giorno più duro, più freddo;
e quella cosificazione si estese rapidamente alla mano,
      al tuo braccio, all'intero tuo corpo;
diventasti a tua volta minacciosa e inaccogliente.
Anche quando, magari, avevi in animo di ridere,
sul tuo volto compariva un'espressione di sdegno,
      una specie di ghigno;
e quando ti protendevi per accogliere qualcosa
– chessò un fascio di fiori, una scatola di cioccolatini, un lenzuolo –,
i tuoi muscoli si contorcevano, producendo un gesto di rabbia.
Eri diventata una minaccia.


Ricordi l'estate del '78? Avevo tredici anni.
Eravamo tutti insieme in vacanza, la solita sacra famiglia allargata;
io ero partito in campeggio con i Boy Scouts;
voi passavate le giornate chiusi in casa, a seccare la frutta,
      a tostare le mandorle.
Uno di quei giorni, cominciaste a litigare.
Mia madre camminava per casa come una creatura
      del primo paradiso,
innocente, quasi nuda, ignara della propria bellezza;
mio padre la insultò, e tuo fratello, forse raccogliendo il vostro odio
e il vostro intento, la spinse sul tavolo.

I have a picture where she looks like Audrey Hepburn);
she sat down smiling and unbuttoned her cotton blouse.
You dashed over, shouting that to keep nursing would give me
     a dangerous "fever."
You'd decided that from then on you and your sister would
     bottle-nurse me. My mother sat there stunned.
Maybe the guilt of having been a mother prevented her from reacting,
from reclaiming for herself that sensual entertainment of skin contact.
You'd snatched away her motherhood, and you'd also amputated
     that breast from me.
I sensed that I was empty, every day I looked for something else.
Your bottle, inserted ineptly; came into my throat,
     my breathing, my eyes: I felt paralyzed.
Every day that bottle grew harder, colder;
and that dehumanizing rapidly spread to your hand,
     your arm, your whole body;
you yourself turned menacing and unwelcoming.
Even when you might have been in the mood to laugh,
on your face was a look of disdain, a kind of sneer;
and when you reached out to gather something up—
a bundle of flowers, a box of chocolates, a bedsheet—
your muscles would contort, producing a peevish gesture of rage.
You'd turned into a threat.


Remember the summer of '78? I was thirteen.
We were all on vacation together, the usual extended holy family;
I'd gone off camping with the Boy Scouts;
you were spending the days in the house, drying fruit,
     toasting almonds.
On one of those days, you started a fight.
My mother walked through the house like a creature
     from the Garden of Eden,
innocent, half naked, unaware of her own beauty;
my father insulted her, and your brother, maybe picking up
on your hate and your intent, pushed her onto the table.

Io ero in campeggio – come dicevo –.
Vidi arrivare due vigili urbani. Mi portarono via.
All'arrivo, una calca di persone guardava verso casa.
    Mi feci spazio.
Dall'angolo del balcone cadevano petali di papavero.
Cose così ci piegano per sempre al nostro destino,
spesso così diverso dalla nostra natura o dalle nostre aspirazioni;
e il meglio che possiamo fare è prenderne coscienza.
Dopo l'ennesima stagione di liti, mia madre vi buttò fuori di casa.
    Andaste a vivere al Vomero,
in un appartamento che tua sorella aveva comprato,
presagendo la fine di una convivenza mai veramente cominciata.
Tu eri sola, stavolta, senza fratelli,
privata finanche del tuo ruolo sventurato di badante.
Eri lì da sola, in una casa spoglia come mai ne avevo viste,
priva di mobili, di tavoli, di letti, di cuscini.
    Mio padre era distrutto
Finito il lavoro, veniva a trovarvi alle 19.00.
Io lo seguivo, non dicevo una parola.
Fummo noi a trasportarvi quattro sedie, un tavolino,
    un servizio di piatti;
portammo delle reti, materassi, qualche coperta;
c'era un fornellino a gas, di quelli da campeggio,
    per scaldare una minestra.
Tutte le sere, non vedevo l'ora che mio padre tornasse
    per venire da te.
Ci fermavamo mezz'ora, mezz'ora soltanto.
    Alla tivù passavano Happy Days.


Non posso dire il dolore che provai in quella stagione della vita.
Quella casa così spoglia, era il nostro Guernica.
La luce fioca emanata da una lampada d'alluminio;
la spalla di un animale macellato, lasciata sul davanzale;

I was at camp, as I said.
I saw two city policemen arrive. They took me away.
When I got home, there was a crowd looking at the house.
    I pushed my way through.
From the corner of the balcony poppy petals were falling.
Things like this bend us forever to our destiny,
often so different from our nature or our aspirations;
and the best we can do is to be aware of it.
After the umpteenth season of arguments,
    my mother threw you out of the house.
    You went to live in Vomero,
in an apartment your sister had bought,
auguring the end of a cohabitation that never really started.
This time you were alone, without brothers,
even deprived of your wretched role as a caregiver.
You were alone there, in a house emptier than I'd ever seen, with no
furniture, no tables, no beds, no pillows.
    My father was devastated.
After work, he came to see you at 7:00.
I followed him; I didn't say a word.
We were the ones who brought you four chairs, a coffee table,
    a set of dishes;
we brought box springs, mattresses, a few blankets;
there was a small gas stove, a camp stove really,
    for heating a bowl of soup.
Every evening, I couldn't wait till my father came home,
    to go to your place.
We stayed for half an hour, just half an hour.
    *Happy Days* was on TV.


I can't express the pain I felt at that stage of my life.
That house, so empty, was our Guernica.
The faint light coming from an aluminum lamp;
a butchered animal's shoulder, left on the windowsill;

i tuoi occhi angosciati, la bocca straziata,
    i denti quadrati e ingialliti,
tutto ciò era la cosa più bella e terribile che avessi mai visto.
Tu e il tuo viso diventaste il segno della sconfitta.
Lì, in quella resistenza muta,
in quella assenza illuminata dalla lampada a gas,
cominciava la bellezza e la storia che avrei raccontato, un giorno,
tra mura scrostate e visi straziati,
tra i silenzi interminabili durati per anni.
Cominciai a considerare quanta ingiustizia c'è nell'esecuzione
    di una condanna, di un atto, di ogni atto,
foss'anche di giustizia, di liberazione, di riscatto;
e come può mutare rapidamente la storia dell'uomo,
quando le cosiddette vittime colgono l'occasione
    e il gesto ferino per essere carnefici, anch'esse.
Dalla croce non si scende – lo apprendevo a tue spese.
In quelle sere, in quel confino, tu diventavi una *mater dolorosa*.
Tutti i torti, la crudeltà e la miseria che avevi conficcato
si scioglievano nei colori silenziosi e più sfumati di quella tela che io,
    da bimbo, ero stretto ad ammirare,
e dalla quale sarei uscito, un giorno, raccontandola,
in modo da restituirti l'onore della comprensione,
la gratitudine per avermi insegnato a ritrovare l'amore anche nel
    gesto di rifiuto;
a sentire la sofferenza anche in coloro che gridano vendetta;
a ritrovare la ricchezza anche nelle briciole di un pasto,
    di una stufa, di un sorriso.
Alla fine di quella mezz'ora, *Happy Days* era finito.
Avevo per sempre due madri e due lingue.
Le avremmo avute tutti, per sempre, due lingue.

    Vedo che sei stanca adesso. Lasciati andare;
mettiti qui, sul divano, stendi la schiena e le gambe;
ti aiuterà a sentirti più distesa,
a conquistare lo spazio che non ti sei mai permessa.

your terrified eyes, your tormented mouth,
    your square, yellowed teeth,
all of this was the most beautiful, terrible thing I'd ever seen.
You and your face became the symbol of defeat.
There, in that mute resistance,
in that absence illuminated by the gas lamp,
began the beauty and the history I've recounted, one day,
between flaking walls and tortured faces,
amid interminable silences lasting for years.
I began to consider how much injustice there is in the execution
    of a sentence, of an act, of every act,
even one of justice, liberation, or redemption;
and how quickly the story can change, and the fate of man,
when the so-called victims seize the occasion and the feral chance
    to be torturers, even them.
One doesn't get down from the cross—I learned that at your expense.
On those evenings, in that narrow space, you became a *mater dolorosa*.
All the wrongs, the cruelty and misery you'd buried
melted in silent, softened colors on the canvas that, as a child,
    I was forced to admire,
and from which I would go out one day, telling about it
in order to restore to you the honor of understanding,
gratitude for having taught me to find love again
    even in the gesture of rejection;
to sense suffering even in those who cry out for revenge;
to find richness even in the crumbs of a meal, a stove, a smile.
After that half hour, *Happy Days* was over.
I had two mothers and two languages forever.
We would all have had two languages forever.

    I see you're tired now. Let yourself go;
set yourself here, on the couch, stretch your back and your legs;
it will help you to feel more relaxed,
    to seize the space that you've never allowed yourself.

Perfino dopo la perdita dei tuoi fratelli – il tuo Cosimo,
    il tuo amato Ubaldo, la tua gemella Carla –,
perfino allora hai scelto di occupare poco spazio.
Sei tornata a vivere da sola, in una stanza sola
–la stessa dalla quale noi bambini scrutavamo il cielo
prima di partire per il mare –, ma più lesionata adesso, tralasciata.
Un museo dei ricordi, nel quale ogni oggetto
–le boccette di profumi, il vecchio pianoforte, un calendario anni '70 –
aveva ripreso il suo ruolo di *cosa*,
come accade alla fine dei giorni, quando la demenza ci divora,
e ogni cosa torna a risplendere per i suoi colori, la sua forma,
    la sua concretezza.
Eri diventata così anche tu, oggetto tra gli oggetti,
stipata in poco spazio, all'ombra, sulla dondolo di vimini.
Non ti era più necessaria l'apertura, o la libertà.
Eri più saggia di noi tutti; lo eri diventata;
avevi accettato quella solitudine che un tempo era stata una condanna.
Eri tu, ancora tu, la tua maschera, la tua amarezza,
ma più rispettabile ormai, del tutto rispettabile.


Quando venivamo a trovarti, ad Ascoli, ci accoglievi
come non avevi mai fatto, col viso disteso:
una padrona di casa, finalmente, regale, solitaria;
ti stimavo per quella dignità, per quel contegno.
Pure quando si trattava di passare un Natale, una Pasqua
    o una vacanza,
tu aspettavi che qualcuno lo chiedesse,
che io o mia sorella venissimo a prenderti.
L'alterigia e la presunzione di un tempo avevano lasciato il passo
    al disincanto
per l'amore che può essere e non è.
Quell'attendere l'invito, era una civetteria da nobildonna,
la garanzia di non essere di peso. Una civetteria, sì. È strano.
Eri stata, per un secolo, l'emblema della durezza,
e adesso stavi attenta perfino a un saluto.

Even after the loss of your siblings—your Cosimo,
	your beloved Ubaldo, your twin Carla—
even then you chose to take up little space.
You went back to living alone, in a single room—
the same one where we children scanned the sky
before we went off to the sea—but more damaged now, more neglected.
A museum of memories, where every object—
the perfume bottles, the old piano, a calendar from the '70s—
has resumed its role of a *thing*,
as it happens at the end of days, when dementia devours us,
and every thing comes back to shine with its colors, its shape,
	its concreteness.
Even you had become like that, an object among objects,
squeezed into a little space, in the shadow,
	on the wicker rocking chair.
You no longer needed openness, or freedom.
You were wiser than all of us; you had become it;
you'd accepted that solitude that had once been a damnation.
You were you, still you, your mask, your bitterness,
but more respectable now, totally respectable.

When we came to see you, in Ascoli, you welcomed us
as you never had before, with a relaxed face:
the lady of the house, at last, regal, solitary;
I admired you for that dignity, that composure.
Though when it came to spending Christmas, Easter, or a vacation,
you waited for someone to ask you,
provided my sister or I would come to get you.
The past haughtiness and presumption had given way
	to disenchantment
over the love that can be and is not.
That waiting for an invitation was the vanity of a grande dame,
the assurance of not being a burden. A vanity, yes. It's strange.
You'd been, for a century, the emblem of hardness,
and now you were even attentive to a greeting.

Forse, la morte di ognuno dei tuoi cari
     ti rendeva libera dalla colpa.
Non c'era più nessuno, adesso, a tenerti 'dentro'
–tranne la tua fragilità, e pure di quella te ne fregavi –,
come se un'altra possibilità, in quel momento,
     fosse diventata ineludibile
– un bisogno di aria, di luce calda, di sensazioni –.
Non che non fosse già nella tua natura.
Sei sempre stata una ginnasta infaticabile,
non stavi ferma un attimo; pranzo, cena, piatti, pavimenti,
scendere, salire, scendere, salire, scendere, salire.
All'ultimo, eri diventata ancor più 'vagabonda'
     – come dicevi tu, scherzando –;
uscivi per fare la spesa – cinque euro, mi raccomando,
soltanto il latte, la pasta e il pomodoro –, per andare a messa,
     al cimitero.
Quella devozione ai tuoi fratelli, una preparazione,
la promessa di un incontro, di un incontro con l'amore.
Avrei voluto restituirti una assoluta emozione, sì,
     l'emozione della felicità,
della giovinezza, non più frenata dal corpo.
A volte per sfotterti ti davo un bacio,
e tu ti ci opponevi, tirando indietro la schiena, mi dicevi 'scemo',
col sorriso mal celato di chi desidera il contrario.

Questa era la felicità che ho sempre voluto darti.
Per questo ti dico, stenditi, chiudi gli occhi, dimentica,
o forse no: ricorda, ricorda questo contatto tra di noi;
scrivi sulla tua pelle di questo amore riconosciuto;
incidilo nelle cartilagini, nei muscoli,
nascondilo sotto le sopracciglia o tra i capelli;
tienilo tra le labbra; conservalo negli occhi;
adesso ci prepariamo, entrambi, per un'altra dimensione,
     più profonda, più nostra... Ci riesci?
E io, ci riesco a farti essere una bimba finalmente coccolata?

Maybe the deaths of all your loved ones
    had freed you from guilt.
Now there was no one left to keep you "inside"—
except your fragility, which you didn't give a damn about,
as if another possibility, at that moment, had become inescapable—
a need for air, for warm light, for sensations.
Not that it wasn't already in your nature.
You'd always been an indefatigable gymnast,
you never stayed still for a second; lunch, dinner, dishes, floors,
going down, up, down, up, down, up.
Lately you'd become even more of a "vagabond"—
    as you said, joking;
you went out every day to do the shopping—five euros, please,
just for milk and pasta and tomatoes—to go to mass,
    to the cemetery.
That devotion to your brothers was a preparation,
the promise of an encounter, of an encounter with love.
I'd have liked to give you back an absolute emotion, yes,
    the emotion of happiness,
of youth, no longer restrained by the body.
To tease you sometimes I gave you a kiss,
and you resisted it, turning your back, you called me "stupid,"
with the ill-concealed smile of someone who wants the opposite.

This was the happiness I've always wanted to give you.
That's why I tell you, stretch out, close your eyes, forget,
or maybe not: remember, remember this contact between us;
write on your skin about this acknowledged love;
engrave it in your cartilage, your muscles;
hide it under your eyebrows or in your hair;
take it between your lips; keep it in your eyes;
now we're preparing ourselves, both of us, for another dimension,
    more profound, more ours... Can you do it?
And I, can I turn you into a pampered baby at last?

Ti ho ritrovato quello specchietto magico, ricordi?
l'ho messo qua, sul tavolo, di fronte a noi.
No, non preoccuparti, non ci serve per ingigantirci
–perché dovremmo d'altronde? –;
e nemmeno a scrutare la vita degli altri:
siamo entrambi infantili, ormai – ce lo dicono tutti –;
possiamo permetterci di vedere le cose più profonde
– una sirena, che dorme sul fondo del mare; una forchetta arrugginita
     appartenuta a chissà chi; una cassaforte sfondata –,
senza doverle recuperare o assegnare a qualcuno.
No, non preoccuparti. Mi pace tenerlo lì, di fronte a noi;
mi piace, mentre rimango sul divano, con te accanto,
perderci in quella superficie argentata in cui le linee del corpo
     si stondano, i visi si allargano, i corpi si allungano,
e pare di esser come noi desideriamo;
distendo un braccio e questo si piega, mi abbraccia;
apro una mano, lentamente, fino al punto in cui le dita
     si intrecciano alle altre.
Scivolo appena sul divano, due curve si avvicinano,
     e quel viso, che meraviglia...
Accenno un sorriso, e pare che la bocca si dischiuda,
gli occhi s'ingrandiscano, diventan luminosi, luminosi...

Penso alla notte, che pare stellata, la dolce notte,
     la buona notte.

Dormi, mia fragile, *altera mater*. Le parole non servono più.
Puoi dormire adesso, puoi dormire.

                    *Napoli, Ascoli Satriano, Aosta, dicembre 2012 – febbraio 2013*

I found that magic mirror for you, remember?
I've placed it here, on the table, in front of us.
No, don't be concerned, we don't need to magnify ourselves—
    besides, why should we?
we no longer need to inspect other people's lives:
we're both childish now—they all tell us so—
we can let ourselves see the deeper things—
a mermaid who sleeps at the bottom of the sea; a rusty fork
    that belongs to who knows who; a broken safe—
without having to retrieve or assign them to someone.
No, don't be concerned. I like to keep it there, in front of us;
I like, while I'm on the couch, with you nearby,
to lose myself in that silver surface where the body's lines
    round themselves off, the faces spread, the bodies stretch,
and it seems to be the way we want it to;
I stretch out an arm and it bends, it embraces me;
I open one hand, slowly, to the point where the fingers interlace
    with the others.
I just slip onto the couch, two curves come closer to each other,
    and that face, how marvelous…
I mention a smile, and it seems that the mouth broadens,
the eyes grow wider, they become bright, bright…

I think of the night, which seems starry, the sweet night,
    the good night.

Sleep, my delicate *altera mater*. Words are no longer needed.
You can sleep now, you can sleep.


*Naples, Ascoli Satriano, Aosta, December 2012–February 2013*

57

## About the Author

Enzo Lamartora was born in 1965 in Naples, Italy. He studied medicine in Naples, and theater and psychoanalysis in Rome. From 2002 to 2007 he was the editor of *Passages*, a journal of arts and culture. His first two collections of poetry were *Nel corpo tuo rimorso* (2002) and *La dimensione della perdita* (2016); a selection of poems from these two books, translated into English by Michael Palma, was published in 2019 as *The Autumn of Love*. They were followed by *It was* (2017), a collection of seven  long monodramas, the first two of which, extensively revised, form the present volume. His most recent collections are *Disamore* (2018), *Attendersi di là* (2022), and *Rosso: Interludio* (2022). His poetry has been translated into German and Spanish, and he has translated works by Yannos Ritsos, Arthur Adamov, Philippe Sollers, and Dominique Grandmont into Italian.

## About the Translator

Michael Palma is the author of the poetry chapbooks *The Egg Shape* (1972) and *Antibodies* (1997) and the full-length collections *A Fortune in Gold* (2000) and *Begin in Gladness* (2011), as well as *Local Colors*, forthcoming from Able Muse Press. He has also published *Faithful in My Fashion: Essays on the Translation of Poetry* and twenty translations of modern Italian poets, including prize-winning volumes of Guido Gozzano and Diego Valeri with Princeton University Press. His translation of Dante's *Inferno* was published by Norton in 2002 and reissued as a Norton Critical Edition in 2007 and in the Norton Library series in 2021. His fully rhymed translation of the complete *Divine Comedy* will be published by Liveright in 2024. He has lived in Vermont since 2005.

Fomite

Writing a review on social media sites for readers will help the progress of independent publishing. To submit a review, go to the book page on any of the sites and follow the links for reviews. Books from independent presses rely on reader-to-reader communications.

For more information or to order any of our books, visit:
**http://www.fomitepress.com/our-books.html**

**More dual language titles from Fomite**
Vito Bonito/Alison Grimaldi Donahue — Soffiata Via/Blown Away
Antonello Borra/Blossom Kirschenbaum — Alfabestiario
Antonello Borra/Blossom Kirschenbaum — AlphaBetaBestiaro
Antonello Borra — Erbario lapidario
Antonello Borra/Anis Memon — Fabbrica delle idee/The Factory of Ideas
Alessio Brandolini/Giorgio Mobili — Miniature Cities
Jeannette Clariond/Lawrence Schimel — Desert Memory
Lorenzo Carlucci/Todd Portnowitz — Methods
Tina Escaja/Mark Eisner — Caída Libre/Free Fall
Luigi Fontanella/Giorgio Mobili — L'Adolescenza e la notte/Adolescence and Night
Hüsle, Johannes/Marc Estrin — Album aus Dietenbronn/Whatever Befalls
Aristea Papalexandrou/Philip Ramp —Μας προσπερνά/It's Overtaking Us
Katerina Anghelaki-Rooke//Philip Ramp — Losing Appetite for Existence
Mikis Theodoraksi/Gail Holst-Warhaft — The House with the Scorpions
Paolo Valesio/Todd Portnowitz — La Mezzanotte di Spoleto/Midnight in Spoleto

**More poetry from Fomite...**
Anna Blackmer — Hexagrams
L. Brown — Loopholes
Sue D. Burton — Little Steel
Christine Butterworth-McDermott — Evelyn As
Christine Butterworth-McDermott — The Spellbook of Fruit and Flowers
David Cavanagh— Cycling in Plato's Cave
Rajnesh Chakrapani — The Repetition of Exceptional Weeks
James Connolly — Picking Up the Bodies
Benjamin Dangl — A World Where Many Worlds Fit
Greg Delanty — Behold the Garden
Greg Delanty — Loosestrife
Mason Drukman — Drawing on Life
J. C. Ellefson — Foreign Tales of Exemplum and Woe
Anna Faktorovich — Improvisational Arguments
Peter Fortunato — World Headquarters

Fomite

Fomite

www.ingramcontent.com/pod-product-compliance
Lightning Source LLC
Chambersburg PA
CBHW041541120626
46551CB00019B/2786